Papa, Quiero Escuchar Tu Historia

Diario de Padre Para Compartir su Amor y los Detalles de su Vida.

Preguntas secuenciales e interesantes desde la niñez hasta la edad adulta.

Autor:

Jese Sourinam

Papá

Papá

Nadie Vendrá Como Él

y Nadie Ocupará su Lugar

¿Cuál es tu nombre completo y por qué te pusiste así?

_____

¿Te pusiste el nombre de otra persona?

_____

¿Tenías un apodo cuando eras pequeño? Si es así, ¿qué era y por qué se llamaba así?

_____

_____

_____

_____

¿Has tenido otros apodos de adulto?

_____

_____

1

¿Cómo te llaman los miembros de tu familia ahora?

¿Cuándo y dónde naciste?

¿Cuándo fue bautizado y cuál era su religión?

¿Cuál era la religión de tus padres y tus abuelos?

_____

_____

_____

_____

_____

_____

¿Dónde fue tu primer hogar?

_____

_____

_____

_____

_____

_____

¿En qué otros hogares / lugares ha vivido?

¿Cuáles fueron sus primeros recuerdos de su hogar?

¿Podrías contarme una historia o algún recuerdo de tus hermanos y hermanas?

¿Cuáles son los nombres completos de sus hermanos y hermanas?

_____

_____

_____

_____

_____

¿Qué hacía tu familia para divertirse cuando eras niño?

_____

_____

_____

_____

_____

_____

_____

_____

6

¿Había alguna tarea que realmente odiaba hacer cuando era niño?

¿Qué tipo de libros te gustó leer?

¿Recuerda tener una canción infantil o un cuento favorito para dormir? ¿Qué era?

¿Cuáles eran tus juguetes favoritos y cómo eran?

¿Cuáles fueron tus juegos infantiles favoritos?

¿Hubo alguna moda pasajera durante su juventud que recuerde vívidamente?

¿Dónde asistió a la escuela primaria?

¿Dónde asistió a la escuela secundaria?

¿Cómo eran tus escuelas?

¿Qué te pareció la escuela?

_____

_____

_____

_____

_____

_____

_____

_____

¿Cuál fue tu materia favorita en la escuela y por qué?

_____

_____

_____

_____

_____

_____

¿Qué asignatura de la escuela te resultó más fácil?

_____

_____

_____

_____

_____

_____

¿Cuál fue tu asignatura menos favorita en la escuela

y por qué?

_____

_____

_____

_____

_____

¿Quién era tu maestro favorito y por qué era especial?

¿Cómo te recuerdan mejor tus compañeros de clase de la escuela?

¿Sacaste buenas notas?

¿Qué te pusiste para ir a la escuela? Describirlo.

¿En qué actividades escolares y deportes participó?

_____

_____

_____

_____

_____

_____

_____

¿Tuviste con tus amigos un lugar de reunión especial
en el que te gustaba pasar el tiempo?

_____

_____

_____

_____

_____

_____

_____

¿Dónde estaba y qué hiciste allí?

¿Alguna vez recibió algún premio especial por sus estudios o actividades escolares?

¿Cuántos años de educación ha completado?

Descríbete a ti mismo como un adulto joven.

¿Asistió a alguna escuela o capacitación después de la escuela secundaria? Si es así, ¿cuál fue su campo de estudio?

¿Tiene un título universitario?

De niño, ¿qué querías ser de mayor?

¿Cuál fue su primer trabajo?

_____

_____

_____

_____

_____

_____

¿Cómo te decidiste por una carrera?

_____

_____

_____

_____

_____

_____

_____

_____

¿Qué trabajos has tenido?

¿Ganaste suficiente dinero para vivir cómodamente?

_____

_____

_____

_____

_____

_____

¿Cuánto tiempo tuvo que trabajar cada día en su

trabajo?

_____

_____

_____

_____

_____

_____

_____

_____

_____

¿Qué edad tenías cuando te jubilaste? ¿O cuándo quiere jubilarse o podrá jubilarse?

_____

_____

_____

_____

_____

_____

Si sirvió en el ejército, ¿cuándo y dónde sirvió y cuáles eran sus deberes? ¿Rango?

_____

_____

_____

_____

_____

_____

¿Qué edad tenías cuando empezaste a salir?

¿Recuerdas tu primera cita? ¿Podrías contarme algo al respecto?

¿Cuándo, dónde y cómo conoció a su actual cónyuge?

_____

_____

_____

_____

_____

_____

_____

_____

_____

¿Recuerda adónde fue en la primera cita con su cónyuge?

_____

_____

_____

_____

¿Cuánto tiempo lo conocía antes de casarse?

Describe tu propuesta de boda.

¿Dónde y cuándo te casaste? (Incluya fecha, lugar, . . .)

Describe tu ceremonia de boda.

¿Quien estuvo ahí? ¿Había un padrino, una dama de honor, otros miembros de la fiesta de bodas y quiénes eran?

¿Tuviste una luna de miel? ¿Dónde fuiste?

¿Estuviste casado más de una vez? Si es así, responda
las preguntas anteriores sobre cada cónyuge.

¿Cómo describiría a su(s) cónyuge(s)?

_____

_____

_____

_____

_____

_____

_____

_____

_____

_____

_____

_____

_____

_____

_____

¿Qué es lo que más admira de ellos?

¿Cuánto tiempo ha estado o estuvo casado?

_____

_____

_____

_____

_____

_____

¿Cuándo y dónde murió su cónyuge?(Si el esta muerto)

_____

_____

_____

_____

_____

_____

_____

¿Qué consejo le daría a su hijo o nieto el día de su
boda?

_____

_____

_____

_____

_____

_____

_____

_____

_____

¿Cómo se enteró de que iba a ser padre por primera
vez?

_____

_____

¿Cuántos hijos tuviste juntos?

¿Cuáles eran sus nombres, fechas de nacimiento y lugares de nacimiento?

¿Por qué les diste los nombres que les diste?

¿Recuerda algo que hicieran sus hijos cuando eran pequeños que realmente lo asombró?

¿Cuál es una de las cosas más inusuales que uno de sus

hijos hacía con regularidad cuando eran pequeños?

¿Qué fue lo más divertido que puede recordar que dijo
o hizo uno de sus hijos?

Si tuvieras que hacerlo todo de nuevo, ¿cambiarías la

forma en que criaste a tu familia?

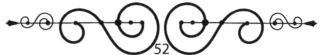

¿Qué le resultó más difícil de criar hijos?

¿Qué le pareció más gratificante de ser padre?

¿Mimó a alguno de sus hijos?

¿Fue usted estricto o indulgente como padre?

¿Descubrió que tenía que tratar a cada uno de sus hijos

de manera diferente? Si es así, ¿por qué?

¿Cómo se sintió cuando el primero de sus hijos fue a la escuela por primera vez?

_____

_____

_____

_____

_____

_____

_____

_____

¿Cómo se enteró por primera vez de que era abuelo y cómo se sintió al respecto?

_____

_____

_____

_____

¿Qué consejo les daría a sus hijos y nietos sobre la vida?

¿Qué consejo les daría a sus hijos y nietos sobre ser padres?

_____

_____

_____

_____

_____

_____

_____

_____

_____

¿Dónde viven los padres de su cónyuge?

_____

_____

_____

_____

_____

¿Cuándo y dónde murieron tus padres? ¿Que recuerdas sobre eso?

_____

_____

_____

_____

_____

_____

_____

_____

_____

¿Como murieron? ¿Dónde fueron hospitalizados y enterrados?

_____

_____

_____

¿Qué recuerda de la muerte de los padres de su

cónyuge?

¿Te acuerdas de tus bisabuelos?

¿Recuerdas haber escuchado a tus abuelos describir sus vidas? ¿Que dijeron?

¿Quién era la persona mayor que recuerdas de niño?

_____

_____

_____

¿Tuvo alguna de las enfermedades infantiles?

_____

_____

_____

_____

_____

_____

_____

_____

_____

¿Tiene algún problema de salud que se considere

hereditario?

_____

_____

¿Qué hace regularmente para hacer ejercicio?

¿Tiene malos hábitos ahora o en el pasado?

¿Alguna vez ha sido víctima de un delito?

¿Alguna vez ha tenido un accidente grave?

¿Cómo te afectó la depresión?

_____

_____

_____

_____

_____

_____

_____

_____

_____

_____

¿Recuerda momentos que fueron difíciles para su
familia?

_____

_____

¿Alguien te ha salvado la vida?

Alguna vez ha sido hospitalizado? Si es así, ¿para qué?

¿Alguna vez ha tenido una cirugía?

¿Cuáles consideraría usted los inventos más
importantes de su vida?

_____

_____

_____

_____

_____

¿Recuerda la primera vez que vio un televisor?

un coche; ¿una nevera?

_____

_____

_____

_____

_____

_____

_____

_____

¿En qué se diferencia el mundo de lo que era cuando

eras niño?

¿Recuerda a su familia discutiendo los acontecimientos mundiales y la política?

_____

_____

_____

_____

¿Cómo te describirías políticamente?

_____

_____

_____

_____

_____

Nombra un buen amigo que conozcas desde hace más tiempo. ¿Cuántos años han sido amigos?

_____

_____

_____

¿Ha habido alguna vez alguien en tu vida a quien

considerarías un alma gemela?

¿Quién era él / ella y por qué sentiste un vínculo especial con él / ella?

_____

_____

_____

_____

_____

_____

_____

_____

¿Cuáles fueron las decisiones más difíciles que tuvo que tomar?

_____

_____

_____

_____

_____

¿Qué persona realmente cambió el curso de su vida por algo que hizo?

¿Recuerdas algún consejo o comentario que haya tenido un gran impacto en cómo viviste tu vida?

Si pudieras cambiar algo sobre ti, ¿qué sería?

¿Cuál es la experiencia más estresante que ha vivido?

_____

_____

_____

_____

_____

_____

_____

_____

_____

_____

¿Qué es lo más aterrador que te ha pasado?

_____

_____

_____

¿Qué tipo de instrumentos musicales has aprendido
a tocar?

¿Te considerarías creativo?

¿Qué cosas has hecho que otros hayan disfrutado?

¿Cómo describiría su sentido del humor?

¿Cuál es la broma práctica más divertida que le has gastado a alguien?

_____

_____

_____

_____

_____

_____

_____

_____

¿Qué actividades has disfrutado especialmente de adulto?

_____

_____

_____

_____

¿Cuáles son tus aficiones?

¿Qué le gustaba hacer cuando no estaba trabajando?

¿Qué es lo más asombroso que te ha pasado?

¿Has conocido alguna vez a gente famosa?

_____

_____

_____

_____

_____

_____

¿Quiénes eran tus padres? Indique los nombres

completos.

_____

_____

_____

_____

_____

_____

_____

¿Quiénes eran tus abuelos? Indique los nombres completos.

_____

_____

_____

_____

_____

¿De dónde eran ellos?

_____

_____

_____

¿A qué organizaciones o grupos has pertenecido?

_____

_____

_____

¿Ha ganado alguna vez premios o premios especiales como adulto? ¿Para qué fueron?

Describe un momento y un lugar que recuerdes sintiéndote verdaderamente en paz y feliz de estar vivo. ¿Dónde estabas y qué hacías?

¿Cuál es el lugar más hermoso que has visitado y
cómo era?

_____
_____
_____
_____
_____
_____
_____
_____
_____
_____

¿Cuál es el viaje más largo que ha realizado?
Dónde fuiste

_____
_____
_____

¿Cuáles han sido tus vacaciones favoritas? ¿A dónde fuiste y por qué fue especial?

¿Qué mascotas has tenido? ¿Tienes una historia favorita sobre una mascota?

_____

_____

_____

_____

¿Has estado alguna vez en una feria mundial?

_____

_____

_____

_____

_____

¿Cuál o quién es tu libro favorito?

_____

_____

_____

_____

_____

¿Cuál o quién es tu animal favorito?

¿Cuál o quién es tu color favorito?

¿Cuál o quién es tu comida favorita?

¿Cuál o quién es tu canción favorita?

_____

_____

_____

_____

Si tuvieras que elegir una etiqueta para los miembros t
de tu familia (cónyuge, hijos, hijas, madre, padre,
hermanos, hermana ...), ¿quién se adapta a cada
persona de ellos?

_____

_____

_____

_____

_____

_____

_____

¿Cómo se siente acerca de las decisiones que tomó en la escuela, carrera, cónyuge?

¿Hay algo que siempre hayas querido hacer pero no lo has hecho?

¿Cuál es el momento más memorable de tu vida?

Y al final, estas páginas en blanco son un regalo para
que el padre anote todos los recuerdos personales
y especiales que no se mencionan en este libro.
Para completar este libro y perpetuar todos
los hermosos y maravillosos recuerdos.

_____

_____

_____

_____

_____

_____

_____

_____

_____

_____

_____

Made in the USA
Las Vegas, NV
23 September 2024

95651312R00069